國家圖書館出版品預行編目資料

安迪・沃荷 / 趙映雪著;放藝術工作室繪.－－初
版一刷.－－臺北市: 三民, 2016
　　面；　公分－－(兒童文學叢書/創意MAKER)

ISBN 978–957–14–6114–4　　(精裝)

1.沃荷(Warhol, Andy, 1928–1987) 2.傳記 3.通
俗作品

781.08　　　　　　　　　　　　　　104028567

© 　安迪・沃荷

著 作 人	趙映雪
繪 　 者	放藝術工作室
主 　 編	張燕風
責任編輯	郭心蘭
美術設計	黃宥慈
發 行 人	劉振強
著作財產權人	三民書局股份有限公司
發 行 所	三民書局股份有限公司
	地址　臺北市復興北路386號
	電話　(02)25006600
	郵撥帳號　0009998–5
門 市 部	(復北店)臺北市復興北路386號
	(重南店)臺北市重慶南路一段61號
出版日期	初版一刷　2016年2月
編 　 號	S 857911

行政院新聞局登記證局版臺業字第○二○○號

有著作權・不准侵害

ISBN　978–957–14–6114–4　　(精裝)

http://www.sanmin.com.tw　三民網路書店
※本書如有缺頁、破損或裝訂錯誤,請寄回本公司更換。

創意
MAKER

安迪・沃荷 ANDY WARHOL

普普藝術大師

趙映雪 / 著　放藝術工作室 / 繪

三民書局

主編的話　　　抬頭見雲

　　隨著「近代領航人物」系列廣獲好評，並獲得出版獎項的肯定，三民書局的出版團隊也更有信心繼續推出更多優良兒童讀物。

　　只是接下來該選什麼作為新系列的主題呢？我和編輯們一起熱議。大家思考間，偶然抬起頭，見到窗外正飄過朵朵白雲。

　　有人興奮的說：「快看！大畫家畢卡索一手拿調色盤，一手拿畫筆，正在彩繪奇妙的雲朵！」

　　是呀！再看那波浪一般的雲層上，建築大師高第還在搭建他的尖塔！

　　左上角，艾雪先生舞動著他的魔幻畫筆，捕捉宇宙的無限大，看見了嗎？

　　嘿！盛田昭夫在雲層中找到了他最喜愛的 CD，正把它放入他的隨身聽……

　　閃亮的原子小金剛在手塚治虫大筆一揮下，從雲霄中破衝而出！

　　在雲端，樂高積木堆砌的太空梭，想飛上月球。

　　麥克沃特兄弟正在測量哪一朵雲飄速最快，能夠成為金氏世界紀錄。

　　……

　　有了，新的叢書就鎖定在「創意人物」這個主題上吧！

　　大家同聲附和：「對，創意實在太重要了！我們應該要用淺顯的文字、豐富的圖畫，來為小讀者們說創意人物的故事。」

　　現代生活中，每天我們都會聽見、看見和接觸到「創意」這兩個字。但是，「創意」到底是什麼？有人說，「創意」就是好點子。但好點子是如何形成的？又是在什麼樣的環境助長下，才能將好點子付諸實現，推動人類不斷向前邁進？

　　編輯團隊為此挑選了二十個有啟發性的故事，希望解答上述的問題，並鼓勵小讀者們能像書中人物一般對事物有好奇心，懂得問「為什麼」，常常想「假如說」，努力試「怎麼做」。讓想像力充分發揮，讓好點子源源不絕。老師、家長和社會大眾也可以藉此叢書，思索、探討在什麼樣的養成教育和生長環境裡，才能有效的導引兒童走向創意之路？

　　雲屬於大自然，它千變萬化，自古便帶給人們無窮想像；雲屬於艾雪、盛田昭夫、高第、畢卡索……這些有突出想法的人，雲能不斷激發他們的創意；雲也屬於作者、插畫家和編輯團隊，在合作的過程中，大家都曾經共享它的啟發。

　　現在，雲也屬於本書的讀者。在看完這本書以後，若有任何想法或好點子願意與大家分享，歡迎寄到編輯部的信箱 editor@sanmin.com.tw。讀者的鼓勵與建議，永遠是編輯團隊持續努力、成長的最大動力。

簡宛　2015 年春寫於加州

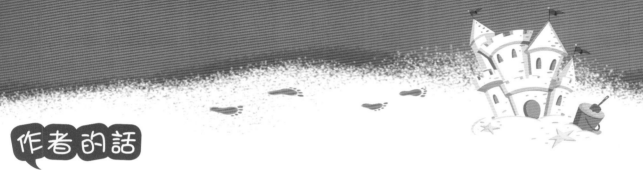

作者的話

　　即使不熟悉安迪・沃荷這名字，我想大家多少都看過他的作品。在迪士尼商店的米老鼠版畫？充滿動感的漫畫超人？愛錢的他，除了畫鈔票，他獨樹一格的美元符號版畫，也經常出現在紀念品店中。他的作品無所不在，不管你的興趣是政治、是藝人或只關心生活中的消費品，都可以在他的畫裡找到你認同的主題。

　　但是，他也是一個爭議性十足的藝術家。圖書館裡他的傳記很多，但內容總有相互牴觸之處，讓你不知道該相信哪本書。這不太能怪作者考據不清，而是因為安迪在接受訪談時，習慣性的捏造故事。有時他說自己二十一歲前曾經精神崩潰三次，有時又強調心理健全；一直與他同住的媽媽過世好幾年後，他對外還宣稱媽媽好好的在家。沒有人清楚他編故事的目的，是故作神祕？還是他「諷刺」的在表達：「我幹嘛幫你們了解我呢？」

　　所以，讀他的傳記，撲朔迷離，必須花很多腦筋去選擇、比較，而最終可能依然不太知道何者為真、何者是假。太多人問過他為什麼畫康寶濃湯，他只願意說因為我愛吃；畫錢呢？他會回答我愛錢。他一點提示都不給你。你去追溯他的童年，會發現他二十年來的中餐都是康寶濃湯，這罐濃湯在他成長過程中，是一個買得起的寶貝，是一個生命必需品，是已經融入他血液的養料。而身為窮困的移民之子，錢，可謂是家人共同奮鬥的目標。後來他有錢了，不太捨得付給員工該得的薪水，他裝窮，把一大堆買來的寶貝藏在家中，不給任何人看到。因為，在他的觀念中，錢只能進、不能出。

　　雖然已是個被追隨的普普大師，安迪・沃荷始終反對藝術家是清高或是受苦的靈魂那一套說法，而試圖拿掉本身的貢獻，不斷強調他的畫作是每個到他「工廠」的員工都能做出來的。他不炫耀自己超敏銳的藝術嗅覺、不認為自己對顏色有特殊的掌控力，也不諱言所有創作都是為了賺錢。但其實他為理念拍攝電影（不賺錢）、支持樂團（不賺錢）、出版雜誌（不賺錢），都是明知不可為而為之的。

　　許多人批評他一生有相當多遭人非議的話題。就「人」本身，也許他不是一個模範生，但就藝術創作而言，他絕對是佼佼者。想想在他不到六十年的短暫生命裡，他為後世藝術界，開創了一個多麼無窮無盡廣闊的天空啊。仰望藝術成就，安迪・沃荷絕對是值得認識與敬佩的。

那個畫康寶濃湯的怪人

走進美術館，不懂得如何欣賞一幅畫很正常。很多畫，沒去讀它背後的故事，的確無法明白為什麼它可以高掛在美術殿堂裡。還有一種直接叫「抽象畫」的，擺明了就是要賞畫人自行去意會解讀。

1962 年 7 月，有一群人走進美國洛杉磯的一處畫廊，看了半天，愣在那裡，不太知道眼前這放在架子上的三十二幅畫是什麼意思。

「這是在開玩笑嗎？」有人問。

「當然不是，這是很認真的藝術，是大眾都懂的藝術。」畫廊經理說。

「可這不就只是康寶濃湯嗎？我也會畫啊！」

「是啊，三十二種口味，一味也沒少，擺得也和你在超級市場裡看到的一模一樣。」經理說：

「我相信你也會畫，但問題是，你沒想到要畫。」

「罐頭有什麼好畫的，況且這個畫家並沒有把這些罐頭畫得比真的漂亮啊？要看這樣的罐頭不會在家打開櫥櫃就好了嗎？」不懂的人繼續問:「可以請畫家出來解釋一下嗎？」

「這位畫家從來不為他的畫

做解釋。」經理說:「他認為畫家的責任是把畫畫出來,之後就要靠觀眾自行去挖掘他看到什麼。」

這三十二幅畫,每幅定價一百美元。

這時有人從外面走了進來,他說:「街口有一家藝廊的櫥窗擺了一座康寶濃湯金字塔,還寫著:『買真品,一罐二十九分錢。』」

一百美元，可以買三百四十五罐耶！」說完，大家都笑了起來。

結果一個月後畫展結束時，只靠畫廊經理的面子，賣掉了六張。

這位有生意腦筋的經理，覺得與其拿六百美元，不如自己全套收藏，所以又把賣掉的六張買回來，自己留存這三十二種口味

的濃湯畫。許多人笑他，這人是笨蛋嗎？有錢還不賺。

誰料到不過三十四年的時間，也就是1996年，這位經理就以一千五百萬美元的高價，將這套完整的畫作賣給紐約現代美術館。哇，這下誰是笨蛋呢？

不過，這是怎麼一回事啊？一套被公開取笑的作品，竟會變得如此搶手？一個沒人肯定的畫家，如何變得那麼成功？

這名畫濃湯的怪怪畫家，名叫安迪・沃荷。

貧民貴公子

　　八歲的安迪・沃荷坐在漆黑的電影院中，目不轉睛的盯著銀幕上那個唱著歌、踩著踢躂舞，和他同年的秀蘭・鄧波兒。秀蘭・鄧波兒那時候已經是個世界知名的童星了，也是安迪最崇拜的偶像！

　　「哇，真希望我有一天也可以像她那樣，變成大明星，讓全世界的人都認識我。」為了這個夢，安迪寄了十分錢，加入了粉絲團，得到了一張簽名海報。

　　就從這張海報開始，安迪持續選擇性的收集明星照片、簽

名，嚮往那種當大人物的感覺。他不知道的是，這股對名人的靈敏度，會幫助他日後成為獨樹一格的藝術家。

十分錢，再加上郵票費用，在1936年足以讓媽媽買下兩罐他最愛的康寶番茄濃湯。你一定以為，安迪家應該至少是小康之家，才會讓他這麼做吧？

其實啊，安迪的爸媽都是從捷克搬到美國匹茲堡來討生活的

辛苦移民。爸爸為了賺錢，跟著工地跑，經常不在家。安迪有兩個哥哥，一家五口全靠爸爸微薄的工資生活。

可是因為安迪從小就展露出和哥哥不一樣的氣質，他聰明、專注，卻又體弱多病，所以爸媽、哥哥都分外寵他。

兩個哥哥很清楚安迪特有的天分，也都認同爸爸為安迪存大學學費的計畫。早逝的爸爸在臨終前幾天，還曾這樣交代哥哥：「我們一定要有足夠的

錢讓安迪受更高的教育。」

由於全家一致相信安迪將是靠腦筋賺錢的白領階級，因此別說只是兩罐罐頭湯的錢，在安迪八歲時，媽媽還給他買了一部當時不得了的奢侈品——放映機，讓他可以在家看電影。

果然，住在貧窮工業區，卻被疼愛有如貴公子的安迪，九歲時即因畫圖天分被送進免費的繪畫培養班；十七歲走上家人為他鋪的路，成為全家第一個上大學的人，進入卡內基科技學院主修藝術。

勇闖紐約

安迪十三歲那年，爸爸因過勞去世，家中情況變得更加辛苦。

大學畢業後，安迪必須獨立賺錢了。第一次離開家人的保護，他的心中雖然猶豫害怕，但想到家裡的狀況，還是硬著頭皮和朋友來到當時美國最大的都市紐約，試試能不能在這裡闖出一片天。

因為身上只有兩百美元，他們無法選擇，租下一間滿是蟑螂的公寓後，就趕緊到雜誌社應徵美工職位。

安迪接到的試用題是：畫賣鞋子的廣告。回家後他認真設計了好幾種不同版本的廣告，隔天馬上送去給藝術總監看，糗的是畫作才抽出一半，竟先跳出一隻蟑螂。幸好這位女總監並沒有嚇得花容失色，反而很欣賞安迪工作的速度、態度和畫風，立刻用了他的畫。

就這樣，安迪順利從畫廣告出發，一直保持獨特創新的想法和風格，六年後變成了紐約炙手可熱的插畫家。

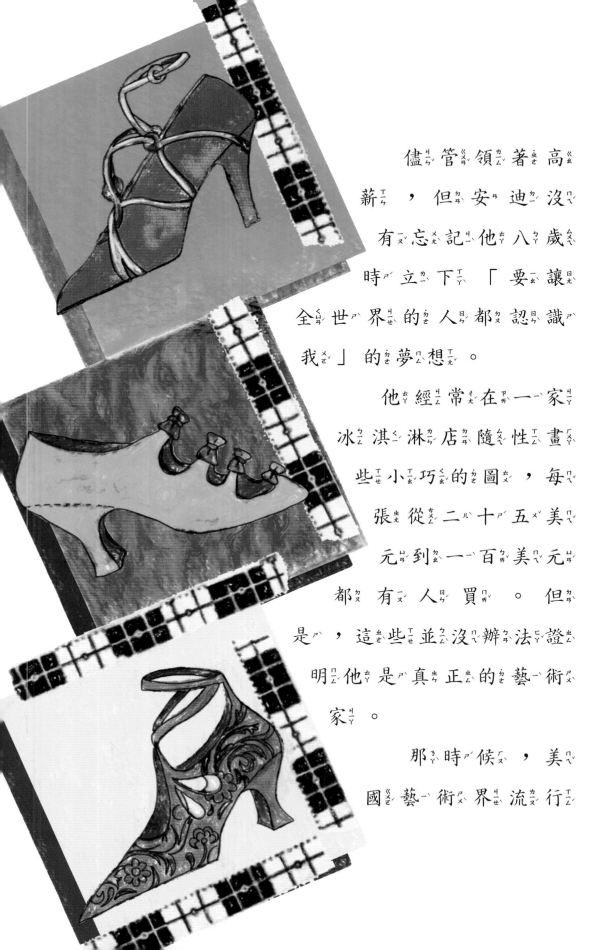

儘管領著高薪，但安迪沒有忘記他八歲時立下「要讓全世界的人都認識我」的夢想。

他經常在一家冰淇淋店隨性畫些小巧的圖，每張從二十五美元到一百美元都有人買。但是，這些並沒辦法證明他是真正的藝術家。

那時候，美國藝術界流行

的還是大多數人看不懂的抽象畫，抽象藝術家瞧不起像安迪這種只能靠畫廣告賺錢的人。但在歐洲的英國，已經有人開始提倡大眾藝術，認為應該將日常生活物品作為題材，帶進藝術裡。

安迪十分認同這樣的概念，於是一直在思考著，要畫什麼，才會獨樹一格。他東找找、西畫畫，嘗試了幾年，卻始終突破不了，弄得自己快得憂鬱症。最後，他找了一位藝術顧問諮詢：

「妳覺得我應該要畫什麼？」

顧問說：「我的建議值五十美元，你願意付嗎？」

「願意，但前提是我要畫大家都懂的東西，我只是需要自己

的特色。」安迪渴望獲得解答。

藝術顧問點頭問他:「這世界上你最喜歡什麼?」

就是這個問題,讓安迪恍然大悟。他後來回憶說:「我天天找十個人、十五個人請求他們給我建議,但直到這一天,終於有人問對了我最該回答的問題。」

「嗯……讓我想想……我最喜歡……錢!」

「錢?你最喜歡錢?那你就畫錢。還有,你應該畫每個人每天都會看到的東西……譬如說,罐頭濃湯,怎麼樣?」

安迪有如大夢初醒,付了她

五十美元，趕緊回家試畫。

大學時，安迪曾研發出一種獨特的版畫畫法。他先將網狀的絲線繃在木框上，用特殊黏膠塞住不想讓顏色透過去的地方，再把顏料擠壓通過網子。經過幾道不同顏色的刷色過程後，一件版畫便完成。只要重複這個過程，就可以用同樣的版子大量複製圖像！

他用這種絲網印刷法，畫出了第一套與眾不同的作品：《錢》。

雖說是複製，但仍是人工上色，所以每張畫可以有不同顏

色、不同重點，完成後每張仍會有差別。這種做法，會使每份作品都有「缺陷」，但安迪喜歡這種缺陷美，認為這樣讓他的作品更能呈現出不同感情。

接下來，他就畫出了簡單大膽的《康寶濃湯》。這套畫，也為他爭取到了人生第一次開個人畫展的機會。後來這個畫展，被認定是首次出現在美國西岸，以日常生活物品作為藝術題材的「普普藝術」展。

這次展覽雖然不算成功，也沒能讓他賺到錢，可是卻將安迪拱為藝術界話題人物，連《時代》雜誌都來訪問他。

當嚴謹的藝術界還不願意接

納怪胎安迪時，他的眼光早已超越了時代，決定要用下面五種風格來和別的畫家區隔，讓瞧不起他的人刮目相看。

從此他的作品都遵守這些原則：

1. 使用不斷重複的手法，譬如三十二張大同小異的罐頭畫。

2. 要畫已存在的東西，像康寶濃湯本來就有了，這個商標並非他設計的。

3. 故意讓作品不完美，好讓賞畫者有各自解讀的空間。

4. 主題有文化衝擊力，必須是每個人都有感覺的議題。

5. 將藝術以商品方式呈現。

就在《康寶濃湯》畫展結束後一天，美國電影巨星瑪麗蓮‧夢露自殺了！安迪知道一直被稱為性感尤物的瑪麗蓮‧夢露，其實是美國媒體消費下的犧牲品。他以一張她的照片，複製出了二十三張不同顏色、意象的肖像畫，來呈現這位早凋的美女。

安迪向來不為自己的作品做解釋，即使有人問，他也都故意顧左右而言他，不肯解釋他為什麼讓圖畫輪廓的線條渲染模糊開來；又為什麼讓瑪麗蓮・夢露的眼影，塗得像不會化妝的小女生胡描一陣的下場。

客人來參觀他的畫時，他經常戴上面具、耳機，不願意讓客

人看到他的表情，也不想聽到客人的討論。每一張畫，他認為畫好之後，就是眾人的了。

他曾說：「每個人對每張畫的詮釋，都反映出了他們自己的困擾、欲望和人生。」

他不願影響別人，也不肯受批評妨礙。

瑪麗蓮‧夢露重複肖像畫的效果深深打動大家：有人看出了她的紅顏薄命；有人說她魅力四射；有人從這模糊美麗的臉龐讀出了天真無邪，同樣這張臉卻也訴說著她一生的悲劇。而安迪有位朋友是這樣解讀的：

「就像瑪麗蓮‧夢露極力想擺脫花瓶美女的形象；安迪也極

想擺脫被那群自認是純正藝術家的人，定位成商業廣告人的身分。他們的心情是一樣的，安迪渴望被當作藝術家來尊重。」

繼瑪麗蓮‧夢露之後，他又

用照片複製過許多名人的肖像，幾乎都是藝人或政客，包括貓王艾維斯・普利斯萊、影星伊莉莎白・泰勒、卡特總統、中國的毛澤東等等。其中最受注目的一組

人像畫，是當時美國的第一夫人——賈桂琳・甘迺迪。

1963 年 11 月，美國總統約翰・甘迺迪遭到攻擊，電視不斷重播總統中槍的畫面。安迪找來報紙上四張第一夫人的照片：兩張是總統被暗殺前，幸福洋溢、天之驕女的她；另兩張是總統遭暗殺後，世界頓時崩潰的她。

安迪將四張照片刷上灰或藍兩個色調，複製成十六張版畫。這組人像畫隨意擺置在一起，彷彿和電視上一再重播的鏡頭相呼應，震撼力透達人心。大家忽然發現，原來天堂、地獄的區隔只在一剎那間。

「安迪‧沃荷」，就是品牌

　　才一年時間，那些看不懂抽象畫的美國群眾，決定開始學著欣賞這些看得懂的畫。這年，普普藝術的畫展多了起來，而且都邀請安迪參展。

　　除了肖像畫，安迪又推出了災難系列，有空難、車禍、電椅等等不怎麼舒服的畫面。

　　問題是，看懂畫是一回事，但有多少人肯掏錢買一張飛機失事、車禍現場或是陰森電椅的畫回家掛在牆上呢？

　　因此安迪的畫賣得不好，他還是得靠廣告設計來維持藝術開

銷。

安迪一點都不氣餒，繼續推動普普藝術。他認為這領域的創作應該是多面的，不只是畫作，還應該囊括電影、音樂、雜誌、電視等等，才能全面性的帶大眾認識這種新藝術。於是，他開始把觸角伸到電影上去了。

誰知道他的電影品味同樣也是怪怪的。他的電影沒有情節、沒有對話，一鏡到底，又長又無聊。

譬如有一部拍攝一個男生睡了八小時的覺；另一部鏡頭從頭到尾一動也不動的對準美國帝國大廈，從傍晚拍到深夜；還

有一部給一堆人各三分鐘，讓他們在鏡頭前自行決定要做什麼。

真的買票進去看他電影的觀眾經常氣得跳腳，要求退票。他們又如同當初《康寶濃湯》畫剛推出時一樣，不知道安迪在搞什麼鬼。

其實，安迪的藝術嗅覺是超越時代的。他一再重複災難的手法，那效果就像今天電視不斷重播一個事件，要讓群眾看到對災難麻木，看到不再興奮、不再害怕。

「不流露情感、沒有主觀意識、也沒什麼深刻道理」，就是普普藝術家創作的宗旨。

安迪說:「生命本來就是單調而充滿困惑的。我就喜歡乏味的東西。」

他覺得他的電影只是拍出了生命的本質。

而他給每個朋友幾分鐘，隨便他們要在鏡頭前做什麼，不就如同今天大家可以自行將影片上傳到臉書、部落格或YouTube，去尋找自己可能出名的機會嗎？

安迪曾留下一句名言:「未來，每個人都能成名十五分鐘。」

這句話放到今天，準確性更高了。

由於事業版圖越來越擴大，安迪成立了一間工作坊。通常藝術家的工作坊都會取個浪漫或富含哲理的名字，但他不是，而是直接了當將工作坊稱作「工廠」，因為作品只有在「工廠」裡才能大量製造。而他也說：「我最喜歡把自己當作機器，機器的問題比人少多了。」

他把工廠的牆壁、房間，甚至連馬桶，都用鋁箔紙貼成了閃閃發亮的鐵白色，工廠也成了紐約前衛者的聚集所。他作畫、拍電影、當樂團經紀、辦雜誌，全都在工廠進行。

這個時候，安迪已經初嚐成名的滋味，很多粉絲環繞著他。

他靈敏的嗅出「安迪・沃荷」這幾個字的魅力，決定將自己的名字經營成一個帶動流行的品牌，於是著手塑造自己超酷的形象。

打從二十七歲起，安迪就開始掉頭髮，所以他擁有很多假髮，而最搭配他黑皮外套、緊身黑褲、造型T恤、高跟靴子、深色眼鏡的，是其中銀、白色系列的假髮。

他戴假髮的

方式與眾不同，故意放得有點歪、露出裡面的真髮，似乎在大聲挑戰：「你敢這樣秀嗎？」

他的假髮造型搞怪，有的白得發亮，有的豎著一根根直立朝天的龐克瀏海。看他的打扮，和今天走在時代尖端的青少年造型沒多大差別，但在六〇年代的美國，他成了帶動流行的偶像。

也因為他這麼的酷，「安迪・沃荷」的確很快成了前衛的代名詞。他幾乎和明星一樣紅，只要行蹤公開，就會有粉絲包圍。

有一次他在費城當代美術館的發表會，兩千名粉絲擠在大門，差不多要引起暴動，弄得警衛不得不讓安迪跳窗逃走。除了影歌星，大概沒有任何一個藝術家享有這種瘋狂的待遇吧。

儘管已經成功的把自己塑造成名人，安迪依然不忘初衷，他的藝術版圖尚未完整。這時他開始支持

「地下絲絨」這個樂團，他大概是史上首位以幻燈片、電影、舞池和閃光燈去搭配樂團演出的創作者。

可惜的是，安迪所做的事都超越時代太多，他很紅，卻總是賺不到錢，因此「地下絲絨」也沒撐太久。直到後來他僱用了一個對金錢很有概念的員工，他各方面的事業才開始轉虧為盈。

永恆的回饋

　　由於涉足許多不同領域，安迪的藝術作品非常多元。他曾在美術館裡模仿廠房的環境，設計出亂七八糟的擺設，讓參觀者幾乎無處可走；他也繪製唱片封套、壁紙，甚至跨足寫作；晚期更出乎大家意料的畫起了宗教畫。

　　但他不管創作什麼，都以怪出名，許多專家企圖從各方面來解釋、分析他這個人。

　　安迪知道大眾對他好奇，回說：「如果你想了解安迪・沃荷，只要直接看看我的畫作、影片以

及我的外表就夠了。我就在那裡，背後什麼也沒有。」

安迪雖然搞怪、耍酷，但他的表達直接了當，毫不掩飾。也許想要認識他，最好的方式就是如他建議，多多去看他的作品吧。

譬如，早期有一陣子安迪熱愛畫可口可樂的玻璃瓶：大大小小、各種顏色、各式排列的瓶子。

他說：「美國有個很好的傳統，那就是最有錢的人和最貧窮的人，買到的東西是一樣的。總統和流浪漢喝到的可口可樂是一樣的，不會因為比較有錢就買到比較好喝的可樂。」他的作品題材看似很隨意，但每一個主題，的確都是一扇熟悉他的門。

　　創作是安迪的生命，一輩子不論是失意、得意、經歷喜怒哀樂或遭遇生老病死，他展現自己的方法，就是持續的投入。

　　四十歲那年，他曾經與死神擦身而過：一個瘋狂粉絲在精神不穩的狀態下，拿著槍對他掃射，他被醫生宣判死亡，所幸又從鬼門關逃回人間。

休養兩個多月出院後，安迪以更大量的工作來回饋自己活下來的每一天。他創辦了雜誌、實驗以尿碰上不同畫材的氧化效果來作畫、充當服裝模特兒、演員、電視節目主持人，還給自己畫了一系列像鬼一樣的自畫像。

這系列讓許多朋友看了毛骨悚然，他們不安的解讀：「這個鬼魅般的安迪，像是個已經看透世界的觀察者。安迪逃過一次死劫

還不夠嗎？又在暗示什麼嗎？」

安迪自己卻淡然的回應：「我畫自畫像，是要提醒自己，我依然存在。」

為了提醒自己還活著，槍傷後的他養成一個習慣，就是不時將身邊有價值的紀念物，譬如當初拿來作畫用的瑪麗蓮·夢露照片、沒發表過的作品、旅行時東道主提供給他的特別設計品；或者沒用的東西，像撕破的郵票、沒開的罐頭、收據、貼紙等等，通通丟進紙箱裡封起來。

到他過世前，大約存封了六百一十個他自稱為《時空膠囊》的紙箱。這六百多箱有人認為是寶藏，也有人說是垃圾的《時空膠囊》，後來在拍賣場上大家爭相叫價，希望能夠透過這些箱內的物品去了解神祕的他。

儘管槍傷的後遺症很多，他還是日以繼夜的實驗各種創作

方式，將普普藝術從他居住的紐約推向美國西岸，再推回起源地歐洲，連亞洲的日本都請他去拍普普風的廣告。翻

身、成名、賺大錢是他始終不變的職志。他講過：「賺錢是藝術，工作也是藝術，會賺錢的生意就是最好的藝術。」

這時的他，不但揚名了，收入也終於和他的名氣成正比。兒時看秀蘭‧鄧波兒時立下的夢，那個要讓全世界都認識他的夢，終於實現了。

「名人」和「死亡」，一直是安迪創作的兩大主題。他自己也被列入了名人行列，但對於死亡，他曾風趣的指出：「我並不怕死。只是死的時候，我人不想在那裡。」

可惜的是，這點當然沒能如他所願。五十八歲時，安迪接受了一個簡單的手術。親戚朋友沒有人將他開刀當作一件大事，都期待一週後就可以再看見他出現在工廠裡。

沒想到，安迪在手術成功後的隔天早上，莫名其妙的就沒再醒來。家人、朋友與藝迷直到今天都還錯愕不已。

一代大師沒有結婚，身後留

下了數不盡的大筆財富。除了部分現金給從小疼他的兩個哥哥外，其餘全部投入基金會。

安迪九歲起就接受免費的繪畫課程，人生從此改變。這基金會以感恩及提攜後輩的理念，幾十年來持續培養各類藝術人才。除了這份實質上的回饋，無論是身處哪一門藝術領域的追求者，其實更應該感謝安迪過去的勇往直前、特立獨行，今天大家才有如此無拘無束、自由創作的風氣。

許多人都說，安迪像個先知，他重新定義了藝術家的角色，永遠改變了藝術給大家的認知。在他的作品之中，每個人都

能從不同角度體驗藝術的美好。

他讓藝術走向大眾，融入生活中的各個角落，不再只是奢侈品，而是像康寶濃湯或可口可樂一樣平凡，隨處可得，俗卻可耐。這便是安迪·沃荷所追求的，廉價且可以大量複製的藝術。因此，全世界皆推崇他是無可取代的普普藝術大師。

安迪・沃荷  小檔案

ANDY WARHOL

1928
8 月 6 日出生於美國匹茲堡，
父母皆移民自捷克

1945
進入卡內基科技學院主修藝術

1949
畢業後到紐約闖天下，
首份廣告作品出現在
9 月分 *Glamour* 雜誌

1950 年代
廣告作品得獎無數，
成了紐約炙手可熱
的插畫家

1962
以《康寶濃湯》系列
在洛杉磯舉辦首次個
人畫展，並開始創作
一系列名人版畫

1963─1968
拍攝了幾百部的實驗電影

1964
- 首次雕塑展，展中最出名的作品
  為〈清潔刷箱子〉*(Brillo Boxes)*
- 工作室「工廠」成立，迅速成為
  紐約前衛者的聚會所

1966
展出著名的壁紙〈牛〉，
以及立體作品〈銀色的雲〉

1966─1967
安排地下絲絨樂團巡迴演出

1968
6 月 3 日遭受槍擊，被醫生
宣告死亡，後來搶救成功

1970 年代後期
開始應邀為名人畫肖像，
畫酬很高

1974
開始封存身邊各式物品於紙
箱中，命名為《時空膠囊》，
共有六百一十箱

1980 年代中期
主持電視節目《安迪・沃荷的電
視》以及《安迪・沃荷的十五分
鐘》，並開始充當模特兒

寫書的人

趙映雪

　　假如有一盒名為趙映雪的拼圖，隨意抓出一把，你會看到：迷網球。愛看山。讀書。《吉比與平平》。肚子痛。喜歡笑。打桌球。網球肘。喝咖啡。噴嚏連連。旅行。《奔向閃亮的日子》。寫作。皮膚過敏。逛地圖。腰痠背痛。《美國老爸臺灣媽》。彈琴。翻譯。望著綠地發呆。《奧黛麗‧赫本》。老是飛躍太平洋。

畫畫的人

放藝術工作室 (FUN art studio)

　　藏身於新竹縣竹北市的一棟老公寓裡，老舊的外觀讓人卻步，但，來到二樓的「放」，就會不想走了。像回到家，可以「放」輕鬆的玩藝術，在創作中 have FUN。主要的服務項目為藝術教育、平面插畫設計、皮革手作。

網址：www.facebook.com/funartstudio

1985
從此時到過世前的兩年間，
安迪創作了超過一百幅以達
文西〈最後的晚餐〉為藍本
的宗教畫

1987
2月22日於紐約過世

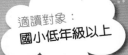

適讀對象：
國小低年級以上

創意 MAKER

創意驚奇雲

飛越地平線，
　　在雲的另一端，

創意 ✕ 無限

撥開朵朵白雲，你會看見一道亮光……

是 **創意 MAKER** 的燈泡**亮**了！

跟著它們一起，向著光飛翔，由它們指引你未來的方向：

（請依直覺選擇最具創意的顏色）

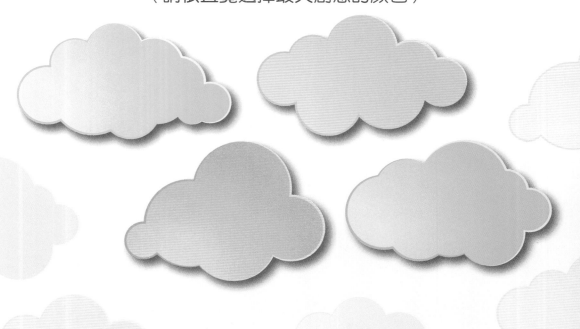

選 的你

請跟著畢卡索、艾雪、安迪·沃荷、手塚治虫、鄧肯、凱迪克、布列松、達利、胡迪尼，在各種藝術領域上大展創意。

選 的你

請跟著高第、樂高父子、喬治·伊士曼、史蒂文生、李維·史特勞斯，體驗創意新設計的樂趣。

選 的你

請跟著盛田昭夫、7-Eleven 創辦家族、大衛·奧格威，動動你的頭腦，想像引領創新企業的挑戰。

選 的你

請跟著麥克沃特兄弟、格林兄弟、法布爾，將創思奇想記錄下來，寫出你創意滿滿的故事。

本系列特色：

1. 精選東西方人物，一網打盡全球創意 MAKER。
2. 國內外得獎作者、繪者大集合，聯手打造創意故事。
3. 驚奇的情節，精美的插圖，加上高質感印刷，保證物超所值！

還有！還有！

內附注音，小朋友也能「自・己・讀」！
創意 MAKER 是小朋友的必備創意讀物，
培養孩子創意的最佳選擇！